AF542929

# CADET ROUSSEL BARBIER

## A LA FONTAINE DES INNOCENS,

## FOLIE EN UN ACTE;

Par AUDE, auteur des deux Cadet Roussel.

*Représentée sur le théâtre Montansier-Variétés, le premier prairial, an 7.*

(en collaboration avec Miro, dit Brunet, d'après Goizet)



---

A PARIS,

Chez BARBA, Libraire, Palais du Tribunat, galerie derrière le théâtre Français de la République, n°. 51.

AN X, (1802.)

V

| *PERSONNAGES.* | ACTEURS. |
|---|---|
| CADET ROUSSEL, barbier, amant de Manon. | *Brunet.* |
| BLANCHET, commis à la marée, amoureux de Manon. | *Drouville.* |
| CLOUTIER, marchand d'habits. | *Hugot.* |
| Mad. CLOUTIER, marchande à la halle. | Mme *Caumont.* |
| MANON, leur fille, promise à Roussel. | Mlle *Drouville.* |
| La mère RODOLPHE, marchande. | Mme *Barroyer.* |
| La mère ROUSSEL, marchande. | Mlle *Bonioli.* |
| ROUSSEL, le jeune. | *Aude neveu.* |
| BEUGLAN, poète. | *Vénier.* |
| Joueurs d'instrumens | |
| Peuple. | |

# CADET ROUSSEL,

## BARBIER

## A LA FONTAINE DES INNOCENS.

### SCENE PREMIÈRE.

*Le théâtre représente la partie du marché des Innocens où l'on voit la fontaine; quelques parasols, garnis de hardes d'hommes et de femmes, sont disposés sur le théâtre, de manière que ceux de la mère Cloutier et de la mère Rodolphe se trouvent sur le devant, vis-à-vis l'un de l'autre; celui de la mère Roussel est garni des habits de tragédien de Cadet; le peuple va et vient sur le théâtre, marchandant en pantomime, pour ne pas troubler les acteurs; la boutique de Cadet est au pied de la fontaine, et consiste en une chaise, un peignoir, une serviette sale, un plat-à-barbe, et autres attributs de son état.*

La mère CLOUTIER, BLANCHET, le jeune ROUSSEL, *gardant la boutique de sa mère,* la mère RODOLPHE, *assise sous son parasol.*

La mère CLOUTIER.

CITOYEN Blanchet, ce que vous me dites-là, c'est-il la vérité?

BLANCHET.

J'aurai celui de vous en donner la preuve sur le quart-d'heure, si vous voulez; j'ai son billet chez moi, écrit de sa propre main.

La même CLOUTIER.

C'est-y dieu possible? quoi! c'est vous qui li avez prêté les cinquante écus, pour avoir sa place à la fontaine?

BLANCHET.

Ce n'est point en répétant une chose trente mille fois, qu'on peut être cru; c'est quand le fait est évident, et le voici en quatre mots.

La mère CLOUTIER.

Ecoutez-moi tout; répétez-moi tout, point par point; ah! mère Cloutier! monsieur mon mari! votre aveuglement sur Cadet Roussel va donc être dissipé! j'avais tort de ne pas vouloir de ce rouget-là pour mon gendre. Oh! la bonne nouvelle! parlez, parlez donc : c'est votre intérêt, c'est le mien, c'est ma vengeance, c'est son ostination, c'est tout.

La mère RODOLPHE.

Déjà des esclamations? les caquets recommencent; v'là que ça s'enfile.

La mère CLOUTIER.

Allons, citoyen Blanchet, mon fils, mon gendre, expliquez-moi tout.

La mère RODOLPHE.

Son gendre! ça ne sera pas vrai; le citoyen Cloutier ne veut pas des hommes de plumes dans sa famille.

La mère CLOUTIER.

Eh bien? eh bien? je vous attends.

BLANCHET.

Moi, j'attends à mon tour que vous ayez fini... C'était décadis, aux deux moulins, le jour qu'il pleuvait à sciaux. Nous étions à la promenade avec ma tante Godard; nous rencontrons la famille Roussel; voilà qu'on mange un morceau de salade ensemble; tenez, ce petit qui garde la boutique de sa mère, en était aussi; ce n'est pas tout, dit l'oncle à Cadet; nous sommes des amis, il s'adresse directement à moi; citoyen Blanchet, mon neveu Roussel quitte la déclamation; il prend un état, il a le rasoir et le coup de peigne en main; Brichot lui cède la place, le fond, les pratiques et le casuel de la fontaine, moyennant une cinquantaine d'écus; si cette avance ne vous gênait point, on vous rembourserait sous quainzaine. Ma réponse fut; je le veux bien, à condidition que, pour intérêt, vous me ferez la barbe pendant un an. Nous fons un écrit; je lui compte le luméraire; je lui fais voir la place; et c'est pour avoir ma prétendue, pour m'enlever votre fille, et faire la désolation d'un cœur sensible, ce trait est trop abominable, pour que je garde le silence que je lui avais promis sur le prêt.

La mère CLOUTIER.

Ah! c'est vous qui li aviez prêté les cinquante écus!

BLANCHET.

Oui, citoyenne Cloutier, de ma caisse.

La mère CLOUTIER.

Et mon benêt de mari s'obtine à prendre sa défense! il le croit à son aise. Il refuse un homme de plume pour lui, vous avez bien fait de parler, ce soir il n'était plus tems; la famille ne voulait pas de vous, tout était conclu; il m'avait endormie; Cadet Roussel était mon gendre.

BLANCHET.

Comme si un bambocheur valait un homme d'écriture pour la considération d'une famille.

La mère CLOUTIER.

Laissez-moi faire; laissez-moi faire.

La mère RODOLPHE.

Ça s'échauffe; mais le commis de la marée y perdra son latin.

La mère CLOUTIER.

Je prétends...

BLANCHET.

Assez causé. V'là la mère Rodolphe qui nous écoute; vous savez qu'elle m'en veut, à cause de ses merlans d'avans-hier.

La mère CLOUTIER.

Ecouter, bavarder, rapporter, voilà son métier; mais nous serons plus fins qu'elle.

BLANCHET.

C'est ça, faut de la politique. Je vais à mon bureau; voici l'heure du poisson, et le bonheur de vous voir ne doit pas retarder les affaires qui seront bientôt celles de toute la famille.

La mère CLOUTIER.

Allez, allez; reposez-vous sur moi.

BLANCHET.

Comme sur moi-même, j'ai celui de vous renouveler tous les sentimens de l'expression de mon cœur, et le véritable plaisir de l'honneur de votre alliance.

La mère CLOUTIER.

On vous reverra, citoyen Blanchet?

BLANCHET.

A la finition du bureau. Mes respects, je vous prie, si vous vous en souvenez, à ma future z'et à vous; il est inutile de vous recommander de ne parler de rien ce matin à Cadet ; c'est mon premier jour de barbe gratis.

La mère CLOUTIER.

Ne craignez rien ; je n'parle jamais qu'à-propos.

(*Blanchet sort.*)

---

## SCENNE II.

LES PRÉCÉDENS, hors BLANCHET.

La mère CLOUTIER.

Oh ! la bonne découverte ! je n'en prendrois pas deux écus de six francs ; toutes les commères de la halle, qui en veulent à monsieur Blanchet, et qui prennent le parti des Roussels ; cette mère Rodolphe sur-tout, qui voulait me faire battre par mon mari ; quel pied de nez ça va avoir, en apprenant de queu magnière Cadet s'est établi barbier ! (*voyant la mère Rodolphe qui vient à elle.*) V'là le serpent qui vient caliner pour savoir la conversation ; mais ne faisons mine de rien.

La mère RODOLPHE.

La vente ne va pas bien fort ce matin ?

La mère CLOUTIER.

Peut-être que ça viendra.

La mère RODOLPHE.

Est-ce que le citoyen Blanchet est déjà parti ?

La mère CLOUTIER.

Pardienne ! l'ouverture du bureau ? Ques-ce qui ferait les écritures ?

La mère RODOLPHE.

A propos de bureau, j'ai rêvé de mariage ; queu numéro c'es-il à la loterie ?

La mère CLOUTIER.

Le 66 et les deux 9.

La mère RODOLPHE.

Faut-il que je les y mette.

La mère CLOUTIER.

C'est s'y prendre un peu tard ; on la tire à midi.

La mère RODOLPHE.

Je le sais ben. J'ai fait ma mise hier pour ce tirage-ci ; c'est Cadet Roussel qui m'a donné les numéros : je conserve ma mise pour l'autre. Je crois que la finale des zéros ne sera pas mauvaise?

La mère CLOUTIER.

La mère Roussel n'est guère matineuse aujourd'hui?

La mère RODOLPHE.

C'est vrai; comment, abandonner une boutique si conséquente à un enfant.

La mère CLOUTIER.

Si conséquente! qu'es qu'y a donc de si rare là-dedans?

La mère RODOLPHE.

Les habits de comédien de Cadet, tous brochés en or et en argent, ça leur fera un fier comptant pour son mariage, puisque la place et la patente sont payés; un état et des avances ça met un ménage sur pied.

La mère CLOUTIER.

Oui, des avances qu'on prend dans la bourse des autres.

La mère RODOLPHE.

Qu'est-ce que vous dites donc là, voisine?

La mère CLOUTIER.

Je n'ai pas parlé. — Roussel, ta mère est donc malade?

ROUSSEL, le jeune.

Non, citoyenne, elle se porte bien.

La mère CLOUTIER.

Et pourquoi n'est-elle pas ici?

ROUSSEL.

Elle est avec mon frère.

La mère RODOLPHE.

Oui, je les ai vu remonter avec votre homme, tous trois, ce matin, par là-bas du côté d'un notaire.

La mère CLOUTIER.

D'un notaire! hi! hi! hi! hi!

La mère RODOLPHE.

Vous riez?

La mère CLOUTIER.

Oui d'un souvenir qui me vient dans l'idée.

(*Beuglan, entre et examine les marchandises.*)

## SCENE III.

LES MÊMES, BEUGLAN, ensuite MANON.

La mère RODOLPHE, à Beuglan.

Par ici, citoyen. (*lui montrant un habit.*) Tenez, voilà ce qu'il vous faut; c'est du solide et pas cher. (*voyant entrer Manon.*) Voisine, voilà votre fille.

La mère CLOUTIER.

Eh bien! Manon, comme te voilà diligente! savez-vous qu'il est plus de neuf heures? Elle pleure... voyons, qu'est-il arrivé?

MANON, *toujours d'un ton pleurant.*

Est-ce que je pouvais faire autrement, moi? ce monsieur Blanchet qui ne devait plus m'épouser, grace à dieu, par l'accord de mon père et de vous, ma retenue pendant un quart-d'heure, pour me dire que vous vouliez encore qu'il m'épousit; ma mère, c'est-y vrai? j'en mourrai de chagrin.

La mère CLOUTIER.

Manon, ma fille, écoute ma raison; tu ne sais pas ce que j'ai appris de nouveau sur ton Cadet.

MANON.

Est-ce qu'il n'a pas sa place? est-ce qu'il n'a pas soldé pour sa patente et pour tout? c'était-il pas là votre intention? il n'a plus besoin de faire des bamboches au café, à présent; je n'en aurai pas d'autre, je vous le dis, je ne serai pas sacrifiée sans le consentement de mon cœur.

La mère COUTIER.

Pourrai-je ti parler à mon tour?

MANON.

Tout ce que vous direz, ne servira de rien du tout. (*Mettant la main sur son cœur.*) Quand ça est pris, tout est fini.

(*Pendant cette scène, Beuglan a essayé un habit.*)

La mère CLOUTIER, *en colère.*

Allez-vous-en insolente, à la maison, et n'en sortez pas; encore ici, plus vîte que ça. (*Manon s'en va en pleurant.*)

La mère RODOLPHE, *s'avançant.*

Mere Cloutier, c'est jeune ; faut pas brusquer.

BEUGLAN.

Mieux fait douceur que violence.

---

## SCENE IV.

LES MÊMES, excepté MANON.

La mère CLOUTIER.

Allez vous promener, mes affaires ne regardent que moi.

PLUSIEURS VOIX, *dans la coulisse.*

Le voilà ! le voilà ! le voilà !

BEUGLAN.

Quelle est cette rumeur ?

LES VOIX, *riant.*

Ah ! ah ! ah ! ah !

La mère CLOUTIER.

Vous ne devinez pas ? c'est encore la scène d'hier. Les enfans suivent Cadet-Roussel ; le bel honneur que cela doit faire à une famille.

BEUGLAN.

Il est unique de troubler un citoyen dans l'exercice de sa profession.

La mère CLOUTIER.

Je ne dis pas le contraire ; mais c'est le même train depuis trois jours qu'il rase ici, quand il vient s'installer ; il est barbier.

BEUGLAN.

Oui, je sais que, quoique nouveau dans l'état, il fait déjà la barbe à bien du monde ; il a et aura ma pratique.

La mère RODOLPHE.

Nous savons d'où est-ce que viennent toutes ces esclandres.

## SCENE V.

LES MÊMES, CADET ROUSSEL, *poursuivi par les enfans, ensuite* la mère ROUSSEL.

PLUSIEURS VOIX, *dans la coulisse.*

Eh ! oui, vraiment,
Cadet Roussel est bon enfant.

La mère CLOUTIER.

Le joli charivari !

CADET, *entrant, poursuivi par les enfans qui crient après lui.*

Ah ! ça, finirez-vous vos bêtises, ou je me fâche à la fin. ( *Il prend un pot à l'eau, et les arose.* ) Qu'est-ce que c'est que ces manières-là ? ( *les enfans s'enfuient.* )

BEUGLAN, *à Cadet.*

Prenez-moi un manche à balai, et chassez-moi toute cette marmaille.

CADET, *à Beuglan.*

Bien obligé, citoyen..

La mère ROUSSEL.

Regarde un peu comme tu nous a arrangé ; dans quel état.

CADET.

C'est bien fait ; pourquoi que vous êtes toujours après moi, comme une scie ?

La mère ROUSSEL.

Voyez la belle réponse ; tout en voulant le revanger...

CADET.

Revanger ? et de quoi donc ? c'est des enfans, c'est jeune, ça s'amuse. ( *à Beuglan.* ) c'est des riseries qu'ils font.

BEUGLAN.

Voulez-vous, citoyen...

La mère ROUSSEL.

Oui, ça s'amuse à te rendre la risée d'un chacun.

CADET.

Eh ! ben, que ça vous fait-il ? au café Bontems, vous m'avez déjà fait manquer cent fois la tragédie ; ici, vous me ferez perdre mes pratiques. Allons, laissez-moi tranquille, et allez-vous-en dans votre niche.

La mère ROUSSEL, *allant à sa place.*

Allons, fais ton ouvrage.

CADET, *à Beuglan.*

Eh! bien, citoyen, la santé? comment que ça va depuis l'autre jour? avez-vous été content de mon dernier coup de rasoir?

BEUGLAN.

Sans doute, puisque je reviens.

CADET.

Mettez-vous là. ( *Il lui met la serviette.* ) Etes-vous frileux?

BEUGLAN.

Non.

CADET.

C'est que je vous ferais chauffer de l'eau chaude. ( *il savonne.* )

BEUGLAN.

Ce n'est pas la peine.

CADET, *rasant.*

Vous ne savez rien de nouveau?

BEUGLAN.

Non, pour le quart-d'heure.

CADET.

Vous faites toujours des pièces de comédie?

BEUGLAN.

De tems en tems.

CADET, *rasant.*

Ça rend-il un peu?

BEUGLAN.

Comme ça.

CADET.

Faites-vous quelque chose de nouveau?

BEUGLAN.

Oui, j'ai un ouvrage en six actes, aux boulevards.

CADET.

En six actes! et y a-t-il un prologue aussi?

BEUGLAN.

Oh! non, non.

CADET.

Y a-t-il des effets dans votre pièce ?

BEUGLAN.

Ah ! je vous en réponds.

CADET.

Et qu'est-ce que vous faites pendant les six actes ?

BEUGLAN.

Les trois premiers contiennent l'exposition.

CADET.

Diable ! c'est adroit de renfermer l'exposition dans trois actes.

BEUGLAN.

Au quatrième, tous mes personnages meurent.

CADET.

Et qu'est-ce qu'on fait au cinquième ?

BEUGLAN.

On fait l'enlèvement.

CADET.

De la pièce ?

BEUGLAN.

Et non, des acteurs.

CADET.

Ah ! ah !

BEUGLAN.

Au sixième acte, le feu prend partout, et les spectateurs n'ont que le tems de se sauver.

CADET, *toujours rasant.*

A la bonne heure ; au moins, le public, en sortant, peut dire que ça finit chaudement. — Et vous nommez cette pièce ?

BEUGLAN.

Une tragédie.

CADET.

Une tragédie ?

BEUGLAN.

Oui.

CADET, *lui ôtant la serviette.*

Vous êtes rasé.

BEUGLAN, *s'essuyant devant un petit miroir que Cadet tire de sa poche.*

Un œil de poudre, s'il vous plaît.

CADET.

Un petit coup de peigne? nous y voilà. (*Beuglan se rassied.*)

BEUGLAN.

Mettez quelque chose sur moi, pour ne pas blanchir mon habit.

CADET, *lui mettant un peignoir rempli de poudre.*

Soyez tranquille.

BEUGLAN, *lui donnant son chapeau.*

Mettez mon chapeau quelque part.

CADET, *le mettant par-terre.*

Il ne tombera pas. (*Pendant le reste de la scène, Cadet, occupé à coiffer Beuglan, le quitte et le reprend alternativement.*)

BEUGLAN.

Vous avez joué quelque tems la tragédie, vous?

CADET.

Moi? et d'une fière force encore, je peux m'en flatter.

BEUGLAN.

Pourquoi donc avoir quitté?

CADET.

Oh! ça me tuait la poitrine, et puis, cracher le sang pour trente-cinq sous par jour, c'est pas le pérou; cependant, il y a des momens ousque je regrette ça; quand j'entrais dans les giries de la passion, c'est comme si ç'avait été du vrai; j'étais comme un enragé: quoi, on ne pauvait pas jouir de moi, quand je disais à Zaïre, dans la tragédie du Cidre:

Il est vrai que je vous abandonne;
Que je vous adorais, agréable personne.

BEUGLAN.

Ce n'est pas là le vers.

CADET.

C'est égal, c'est pour amener la fin de cette épitaphe:

Dessons une autre loi, Zaïre vous pleurez...

La larme tombait sur mon gilet; je me croyais à la place de la jalousie du grand turc; et puis, pour les morceaux de force et de colère, j'avais une haleine de possédé dans la voix : par exemple, dans cette tirade-ci :

Un jour qu'il faisait nuit,
Je dormais éveillé, tout debout dans mon lit;
Quand, par un bruit affreux, le tonnerre en silence,
Par un éclair obscur, m'annonça sa présence.
Nul ne bouge, tout fuit; et le muet fracas
Me fit voir, en dormant, que je ne dormais pas.

Ils sont de moi, ceux-là, et je dis qu'ils sont ronflans.

BEUGLAN.

Oui, oui, ils sont nombreux; mais je croyais que vous n'écriviez qu'en prose.

CADET.

C'est vrai qu'ordinairement je n'écrit qu'en prose; mais par amour-propre, on veut savoir faire un peu de tout; et puis, on est bien aise d'avoir des *vers à soi*.

BEUGLAN.

Je doute que votre nouvel état vous produise autant que celui que vous avez quitté.

CADET.

Laissez donc, j'ai quitté; mais, quoique ça, je reste.

BEUGLAN.

Je ne vous comprends pas.

CADET.

En renonçant à la tragédie, je n'ai pas renoncé aux progrès de l'art; je fais des élèves.

BEUGLAN.

Ah! ah!

CADET.

J'en ai déjà lâché deux à l'Estrapade.

BEUGLAN.

Ont-ils eu du succès?

CADET.

Ah! je vous en réponds. Ils ont débuté dans Epicharis et Néron.

BEUGLAN.

Ont-ils fait de l'argent?

CADET.

S'ils en ont fait! seize livres dix sols de recette.

BEUGLAN.

En connais-je quelqu'un?

CADET.

Pardi ! Grignardet, le fils du marchand de comestibles, ici à côté.

BEUGLAN.

Diable ! c'est un beau garçon.

CADET.

Je le crois bien. Fort comme un turc, déhanché comme un Hercule, et jambé ! jambé comme un coq. — A propos, quand joue-t-on votre pièce ?

BEUGLAN.

Après-demain ; voulez-vous un billet ?

CADET.

Après-demain ? non, je ne pourrais. ( *à demi voix.* ) J'ai une partie de faite avec ma maîtresse, je la mène à *Clou.*

BEUGLAN.

Eh bien ! ce sera pour la seconde représentation.

CADET.

Oui, si elle ne tombe pas.

BEUGLAN.

Oh ! je vous réponds du contraire. Vous savez mon adresse ?

CADET.

Attendez..... vous demeuriez pas tout-à-fait rue de la Monnoie, mais... au coin de la rue *Bouchée* et de la rue *Bétisi.*

BEUGLAN.

C'est vrai, mais j'ai déménagé ; je demeure à présent, rue des *Jeûneurs*, n°. 120.

CADET.

Bon ! j'irai vous voir ; à psésent que je ne joue plus la tragédie, j'ai le temss

BEUGLAN.

Vous y renoncez donc tout-à-fait ?

CADET.

Oh ! c'est fini. Tenez, preuve de ça, v'là tous mes habits pendus, celui de Matapan ; les autres, c'était un argent qui dormait, nous l'avons mis dans le commerce. — J'ai quitté à cause des désagrémens que les camarades me faisaient essuyer par jalousie. Imaginez-vous, qu'un jour, au lieu de cidre ou de bierre dont on se sert dans les empoisonnemens, ils avaient rempli la fiole de vinaigre, de sorte que je fis une grimace de possédé, et que la princesse ne savait si c'était du lard ou du cochon : et puis, vous savez bien que dans Matapan, la violence de la poison me fait tomber dans le trou du souffleur! Eh bien, un jour, je me suis donné une entorce, et c'est très-désagréable, une entorce, pour un jeune homme qui veut faire du chemin; d'ailleurs, je m'en vas me marier, et ma belle-mère m'a interdit les bamboches.

La mère CLOUTIER.

Moi? je ne t'interdis rien que l'entrée de ma maison.

CADET, *quittant Beuglan.*

Qu'est-ce que vous avez dit, mère Cloutier?

La mère ROUSSEL.

Si tu n'as pas entendu, c'est que tu veux faire la sourde oreille.

CADET.

Qu'est-ce qu'elle a dit? ma mère, ne vous en mêlez pas, pas de bavardage; dites-moi tant seulement ce qu'elle a dit?

La mère CLOUTIER.

J'ai dit que ma fille ne serait pas mariée sans mon consentement.

La mère ROUSSEL.

Oui, c'est ça, ou autre chose.

CADET.

Il n'y a pas d'mal à ça.

BEUGLAN.

Voulez-vous terminer . . . l'heure m'appelle.

CADET, *ayant la boite à poudre à la main.*

Un moment, citoyen. (*à la mère Cloutier.*) Votre consentement, l'ai-je ti pas depuis ma place? Manon n'est-elle pas libre de son cœur? ne sommes-nous pas convenus de tous les artiques?

La mère CLOUTIER.

Oui; mais nous en avons oublié un.

CADET.

Quoi donc?

La mère CLOUTIER.

Suffit, je m'entends; nous en parlerons ce soir.

CADET, *quittant Beuglan, et ayant la houpe très-chargée*

Tenez, c'est que je n'aime pas les quiproquos sur rien.

( *i, Beuglan se tourne du côté de Cadet pour le rappeller; et celui-ci, sans le regarder, lui poudre la figure, en disant :* ) On a une parole, ou on n'en a pas.

BEUGLAN.

Prenez donc garde, citoyen.

CADET.

Ah! pardon. ( *il lui souffle sur la figure.* )

---

## SCENE VI.

LES MÊMES, MANON.

MANON.

Ma mère...

La mère CLOUTIER.

Ah! vous voilà? quest-ce que vous venez faire ici, d'après me défense?

MANON.

Ce n'est pas moi qui ai voulu revenir.

CADET, *quittant Beuglan.*

Allons, n'allez-vous pas l'asticoter, comme hier au soir?

La mère CLOUTIER.

Pourquoi qu'elle revient, quand je lui dit de rentrer chez nous?

BEUGLAN.

Citoyen, ça finira-t-il?

CADET.

Un moment, citoyen; vous voyez que je suis en affaire de famille. ( *à la mère Cloutier.* ) Ne la faites donc pas pleurnicher comme ça, c'est des bêtises.

La mère CLOUTIER.

Pourquoi qu'elle revient?

MANON.

Mon père m'a dit...

La mère CLOUTIER.

Eh bien ! quoi ? qu'a-t-il dit ?

CADET.

Dites donc : on vous dit de dire ce qu'il a dit.

MANON, *à sa mère.*

Il a dit que vous ne saviez ce que vous dites.

La mère CLOUTIER.

Voyez si ça ne mérite pas la malédiction d'une mère ; attends, effrontée, attends.

MANON.

Est-ce que c'est moi qui le dis ?

La mère ROUSSEL et la mère CLOUTIER.

Puisque c'est son père qui parle.

CADET.

Ce n'est pas elle qui l'a dit.

BEUGLAN.

Citoyen, je perds patience.

CADET.

M'y v'là. Voulez-vous laisser battre cet enfant ?

MANON.

Puisque c'est mon père qui m'a commandé de revenir à ma place.

La mère CLOUTIER.

Eh bien ! venez à votre place. Vous faites un superbe escandale.

La mère ROUSSEL.

Ne la battez pas, je vous prie.

CADET, *transporté.*

Ne battez pas mon objet.

La mère CLOUTIER.

N'ayez pas peur. Cheux nous, à ce soir.

CADET, *quittant Beuglan.*

Tenez, citoyenne Cloutier, j'ai celui de voir d'où est-ce que ça vient ; si c'est moi qui cause tout ça, vous avez tort ; si cet enfant a de la passion pour moi, et que vous l'empêchiez de suivre le penchant et le sentiment de l'inclination de son cœur, elle donnera dans le travers ; je la connais, c'est son naturel.

BEUGLAN.

Je crois que c'est assez attendre.

CADET, *revenant à Beuglan.*

Citoyen, une minute n'est pas mort d'homme. — V'là la vérité que je vous dis, demandez-y.

La mère CLOUTIER.

Eh bien ! cette vérité-là sera mensonge, car tu ne l'auras pas, et elle ne sera que ce que je voudrai.

CADET.

Ah ! je ne l'aurai pas ! je ne l'aurai pas !

MANON, *pleurant.*

Je n'en aurai pas d'autre.

La mère CLOUTIER.

Taisez-vous.

CADET, *tirant Beuglan par la queue, et l'entraînant.*

Mademoiselle Manon, ne pleurez pas, vous m'aurez.

MANON.

C'est à cause de ce monsieur.

CADET, *quittant Beuglan.*

Bon ! j'ai un rival ! bon ! il y a de l'oignon ici.

BEUGLAN.

Mais, citoyen, il est tems que je sois coiffé.

CADET.

Je connaîtrai mon rival, et vous serez coiffé. (*à la mère Cloutier.*) Ce ne sera pas ici comme au café Bon-tems, pour les boulettes ; ici, j'aime un objet, et le citoyen Cloutier va savoir...

BEUGLAN.

Mais, citoyen.

CADET, *emportant le chapeau de Beuglan.*

Ma mère, recevez l'argent. Nous allons voir, nous allons voir.. (*Il sort.*)

La mère ROUSSEL.

Cadet, mon fils, ne t'expose pas.

---

## SCENE VII.

LES MÊMES, excepté CADET.

BEUGLAN.

Il s'en va ! bien ! fort bien ! c'est d'une impertinence complette. (*il se lève.*)

ROUSSEL, le jeune.

Voulez-vous que je vous finisse ?

BEUGLAN, *furieux, jette le peignoir au nez du jeune Roussel.*

Va-t-en au diable. ( *Il prend le chapeau de Cadet, et sort.* )

---

## SCENE VIII.

LES MÊMES, excepté BEUGLAN.

La mère CLOUTIER, *à Manon.*

Vous voyez à quoi vous nous exposez, mamzelle.

MANON.

Est-ce ti ma faute, à moi, si je l'aime ?

CLOUTIER, *dans la coulisse.*

Habit ! habit !

La mère CLOUTIER.

Tiens, tiens, v'là ton père, ton soutien, parles-y.

---

## SCENE IX.

LES MÊMES, CLOUTIER.

CLOUTIER, *entrant.*

Eh ! bien ? qu'est-ce qui gna donc encore ici ? du grabuge ?

La mère ROUSSEL.

Vous l'avez dit : ça ne s'arrange pas trop bien pour Cadet.

CLOUTIER.

Ça s'arrangera.

La mère CLOUTIER.

Vient-il de vous faire ses plaintes contre moi ? il me reste à vous faire son panégyrique ; il est allé vous trouver.

CLOUTIER.

Lui, je ne l'ai pas vu.

La mère CLOUTIER.

Il est cependant parti pour ça, comme un trait, en plantant là son ouvrage.

CLOUTIER.

Je te dis, que je ne l'ai ni vu ni entendu. — Pourquoi donc que tu renvoie Manon de sa place? est-ce un nouveau rat qui te passe dans la cervelle? n'étais-tu pas consentante de tout hier au soir?

La mère ROUSSEL.

Roussel, donne un coup-d'œil à ma marchandise. (*elle sort.*)

La mère CLOUTIER.

C'est que je ne savais pas, hier au soir, les belles histoires d'à ce matin.

CLOUTIER.

Il n'y a pas d'histoire qui tienne dans tout ça, pas des commis, pas de Blanchet pour Manon; Cadet Roussel.

MANON.

Mon cœur me dit tout de même.

La mère CLOUTIER.

Tu veux l'escandale de ta famille, la ruine de ta maison, le malheur de cette imbécille, et le divorce avec ta femme; car, je te le dis tout franc, je fais séparation de corps si ce mariage se consume. Quoi! c'est un bambocheur que tu préfères à un homme qui a la plume en main?

MANON, *pleurant.*

L'un m'ennuie à mourir, et l'autre me fait rire comme tout.

CLOUTIER.

Diable! si c'est comme ça que tu ris, toi.

La mère CLOUTIER.

V'là comme l'effrontée me répond. Mais, au fait, sais-tu que ton Cadet ne possède rien, que le montant de la place à la fontaine est un emprunt; que cet enjoleur n'a pas le sou, et qu'il doit son état au citoyen Blanchet? veux-tu faire la perdition de ta fille? voyons, réponds, obstinée.

CLOUTIER.

Ce que tu me contes-là, n'est pas possible; je connois Cadet, sa famille, et tout ce qu'ils ont pu retirer de la déclamation, quand il en faisait l'état.

MANON.

Moi aussi, dà! puisque tout le monde courait pour voir Cadet dans la trageudie.

La mère CLOUTIER.

Du silence, quand je parle à votre père. — Si je te montre la preuve de ce que je te dis; son écriture, sa signature, qu'est-ce que tu diras ? tu sais lire et tu connais les chiffres ; voyons.

CLOUTIER.

Dam ! alors ça serait différent ; mais j'te dis que ça n'est pas vrai, moi.

---

## SCENE X.

LES PRÉCÉDENS, BLANCHET.

La mère CLOUTIER.

Citoyen Blanchet, vous ne pouviez pas venir plus à-propos ; j'attends, je veux voir c'te preuve de l'emprunt de Cadet pour sa place.

BLANCHET.

J'ai t'eu la précaution de m'en munir. Celui qui m'enlève un objet, n'a plus de droits à ma confiance ; v'là le papier.

La mère CLOUTIER.

Lisez, monsieur Cloutier.

BLANCHET, *pendant que Cloutier lit.*

Citoyenne Manon, vous connoissez mes sentimens.

MANON.

Ni vu, ni connu, monsieur.

CLOUTIER, *achevant de lire tout haut.*

« Et à défaut de paiement, hypothéqué sur mon avoir et » ma place de barbier ; au tems dit, le citoyen Blanchet, » commis à la marée, reprendra tous ses droits et disposera » du local, » etc.

La mère CLOUTIER.

Et bien, Cloutier ?

CLOUTIER.

Je tombe de mon haut.

BLANCHET.

Vous connaissez son signe ?

CLOUTIER.

Oh ! c'est bien là son écriture ; je n'ai pas de doutance sur cet artique.

La mère CLOUTIER.

Il croit que la vente de ses nippes de tragédie va payer son contingent et fournir son ménage.

CLOUTIER.

Ces habits-là : ça ne sert plus à rien, puisqu'il s'est retiré ; adieu Matapan. Quoiqu'ça, pauvreté n'est pas vice, il n'en est pas moins d'une famille que j'estime ; mais, ma femme, pardon, t'avais raison, Cadet n'a pas d'avance, et Manon n'a rien.

BLANCHET.

Elle a tout, puisqu'elle a celui de la possession de mon cœur et du bénéfice de mon bureau.

MANON.

Je ne veux rien du tout.

CLOUTIER.

Blanchet, j'avais donné parole sur confiance; le bien n'y est pas, c'est dit : vous êtes préféré, s'il n'y a pas de rancune.

BLANCHET.

Moi, rancuneux ! preuve du contraire, les fiançailles se font aujourd'hui, si vous voulez.

La mère CLOUTIER.

Ça va.

BLANCHET.

J'ai mis en réserve un p'tit brin de poisson, du plus frais; une dinde avec ça, c'est un joli festin assorti.

CLOUTIER.

Pas de dépense, je n'aime pas ça.

BLANCHET.

Laissez-moi faire, beau-père.

La mère CLOUTIER.

J'entends Cadet.

CLOUTIER.

Ne dis rien; pas de scène à la halle.

BLANCHET.

Non, il ne sait rien de rien. Je suis propriétaire de la place, puisqu'il ne pourra pas solder, et il doit me faire la barbe pendant un an.

La mère CLOUTIER.

Le voici.

BLANCHET.

Je m'en vais profiter de l'occasion; c'est mon dû; il faut qu'il me rase; le dîner sera toujours prêt aussitôt.

---

## SCENE XI.

LES PRÉCÉDENS, CADET.

La mère CLOUTIER.

Chut! le voilà.

CADET.

Ah! vous v'là, citoyen Cloutier? je vous cherchais pour vous parler.

CLOUTIER.

De quoi?

CADET.

De l'histoire de votre femme; tenez, devant elle et sa fille, qu'elle soit rossée ou non; ça m'est égal.

CLOUTIER.

Est-ce ainsi que vous faites votre état? et les pratiques...

CADET, *appercevant Blanchet.*

Ah !-pardon, citoyen Blanchet; assisez-vous; m'y v'là. Je me retiens pour le quart-d'heure; je ne veux pas mettre du monde étranger dans la confidence. (*Il se met à raser Blanchet.*)

MANON.

Suis-je votre fille, mon père?

CLOUTIER.

Demande à ta mère... si je veux ton bonheur.

La mère CLOUTIER.

Est-ce que ça conçoit rien.

BLANCHET.

Quoi donc? la main vous tremble comme tout.

CADET.

Je suis comme un lion, citoyen Blanchet; on veut me soulever Manon.

BLANCHET.

Doucement, pas de contrepoids.

CADET.

C'est un tourment incrédule que l'amour, je suis trahi, citoyen Blanchet; diriez-vous ça?

BLANCHET.

Doucement.

CLOUTIER.

Cadet, fais attention à ton ouvrage, et ne bavarde pas tant.

CADET.

Oh! c'est tout-à-l'heure que j'en dégoiserai long; mais je le connaîtrai, mon rival.

MANON.

Vous l'y faites la barbe, monsieur Cadet.

CADET, *furieux.*

C'est-y possible?

BLANCHET, *se levant.*

Oui, c'est moi, et je m'en fais honneur.

CADET.

Toi?

BLANCHET.

Moi.

La même CLOUTIER.

Pas de bruit.

BLANCHET.

Tu ne toucheras pas ma figure.

CADET, *lui lançant un coup de pied au derrière.*

Tiens, je toucherai autre chose!

BLANCHET, *furieux.*

Sors ; viens-t-en avec moi, si t'as de l'ame dans le cœur.

CADET.

Oui, je te suis.

BLANCHET.

Suis-moi. Beau-père, je vas chercher la dinde.

CLOUTIER, *retenant Cadet.*

Cadet, restez ici ; possédez-vous.

CADET, *se dégageant.*

Non, je suis mon rival ; vous voyez ma passion. ( *Il sort uivant Blanchet qui le précède.* )

## SCENE XII.

LES MÊMES, *excepté* CADET ET BLANCHET.

MANON.

Cadet ! mon cher Cadet !

CLOUTIER.

Je m'en vais voir ce que ça devient.

La mère CLOUTIER.

Reste ici, mon homme ; ne te mêle pas de ça ; tout ça re-ombera sur ta fille.

## SCENE XIII.

LES MÊMES, la mère RODOLPHE.

La mère RODOLPHE.

Ah ! mon compère ! mon compère ! queu coup du sort !

CLOUTIER.

A l'autre. Qu'es qu'elle a donc ?

La mère RODOLPHE.

Une chaise, je vous prie ; une chaise. Je me trouve mal.

La mère CLOUTIER.

Tenez, voisine ; assisez-vous.

CLOUTIER.

Est-ce à cause de Cadet ?

La mère RODOLPHE.

Non.

CLOUTIER.

L'avez-vous rencontré ?

La mère RODOLPHE.

Oui.

La mère CLOUTIER.

Va-t-il se battre avec Blanchet ?

La mère RODOLPHE.

Non.

CLOUTIER.

Vous est-il arrivé quemqu'accident ?

La mère RODOLPHE.

Oui.

La mère CLOUTIER.

Elle se trouve mal. Voisine, voisine, qu'es que c'est ?

La mère RODOLPHE.

Je suis morte.

CLOUTIER.

De quoi vous plaignez-vous ?

La mère RODOLPHE.

De la joie, mon voisin, de la joie.

CLOUTIER.

Voilà une joie bien triste.

La mère RODOLPHE.

Vous avez raison... J'en suis folle, j'ai manqué d'y rester.

La mère CLOUTIER.

Où donc ça ?

La mère RODOLPHE.

On vient de la tirer ; j'y étais.

CLOUTIER.

Est-ce qu'elle bat la campagne ?

La mère RODOLPHE.

Vous n'avez donc pas vu la liste ?

La mère CLOUTIER.

Tiens ! c'est de la loterie que ça lui vient. Elle a encore perdu.

La mère RODOLPHE.

Tout au contraire, les zéros sont sortis ; les numéros de Cadet ont gagné...

CLOUTIER.

Quoi ! c'est d'avoir gagné que vous vous trouvez mal ?

La mère CLOUTIER.

Ils ont l'ambre, mon voisin ; l'ambre à trois livres ; deux cents soixante-dix fois la mise ; 810 liv. ; les numéros de Cadet.

La mère CLOUTIER.

C'es-t'y possible ?

La mère RODOLPHE.

Oui, oui, les numéros de Cadet. Il partagera; c'est le droit, la justice, et ça sera.

MANON.

Queu bonheur !

La mère RODOLPHE.

Certainement, c'en est un, quatre cents livres de part ne feront pas de mal dans ton ménage, Manon.

MANON, *pleurant.*

Ils n'en veulent plus.

CLOUTIER.

Qu'es qui t'a dit ça, imbécille ? madame Cloutier n'a jamais refusé le gain d'une mise. — Quatre cents francs, ma femme !

La mère CLOUTIER.

Ma foi, mon ami...

La mère RODOLPHE.

Ils sont à se faire payer sur le quart-d'heure, là, au bureau du coin, vis-à-vis les piliers.

CLOUTIER.

Qui donc?

La mère RODOLPHE.

Le cousin, avec qui j'étais, quand j'ai rencontré Cadet, qui allait se battre avec Blanchet. Je l'y passe la bonne nouvelle à l'oreille; il lâche là son commis de la marée; prend, sous le bras, mon cousin qu'a le billet, et ils sont à toucher sur le quart-d'heure. Le cousin a commandé les musiciens; et ce sera pis qu'une réjouissance. (*on entend les instrumens.*) Et tenez; entendez-vous ?

---

## SCENE XIV.

LES MÊMES, CADET, *portant un sac d'argent, suivi des musiciens qui jouent l'air de Cadet Roussel.* PEUPLE.

CADET, *en entrant.*

La fortune ! la fortune !

TOUS.

Vive Cadet et la mère Rodolphe !

CADET, *aux musiciens.*

Paix ! une aubade à ma prétendue; deux ou trois coups. (*Les musiciens jouent une contre-danse; tout le monde danse*)

## SCENE XV.

LES MÊMES, BLANCHET, *portant une dinde rotie sur la tête; deux garçons, portant un panier de poisson.*

La mère RODOLPHE.

Tiens, Cadet, le commis de la marée, ton rival.

CADET.

Ça fait un joli merle.

BLANCHET.

Ne basculez pas ce poisson, vous autres. ( *On rit.* ) Je vois bien de quoi vous riez, allez.

La mère RODOLPHE.

Et de quoi ?

BLANCHET.

De ce que je ne suis rasé que d'un côté. ( *il doit paraître tel.* )

CLOUTIER.

Va, tu l'es tout-à-fait, cette fois-ci.

CADET.

Tiens, sans rancune ; nous te permettons d'être de la nôce.

BLANCHET.

Qu'es que ça veut dire, beau-père ?

CLOUTIER.

Nix, plus de beau-père.

BLANCHET.

Oh ! si c'est comme ça, je remporte ma dinde.

La mère RODOLPHE.

Pas possible, mon cher.

BLANCHET, *qu'on retient.*

Laissez-donc ; je n'en veux pas être. ( *il laisse tomber la dinde.* )

CADET.

Paix ! paix ! faites-lui prendre la file, afin qu'il soit témoin du bonheur dont je vais t'avoir la jouissance.

( *On entraîne Blanchet au milieu de la marche, qui commence au son de l'air de Cadet Roussel, et revient sur l'avant-scène après avoir fait le tour du théâtre.* )

CADET, *montrant sa femme et le sac.*

AIR *de Cadet Roussel.*

L'hasard a protégé Cadet,
J'ai gagné l'ambre et mon objet,
Vous pouvez me donner le quine :
On joue à coup sûr, on devine
Le bon billet,
Quand le public est satisfait.

FIN.

www.ingramcontent.com/pod-product-compliance
Lightning Source LLC
LaVergne TN
LVHW010310230826
846091LV00007BB/2806

* 9 7 8 2 0 1 2 7 3 5 4 6 0 *